Gewaltfreie

Kommunikation

Wie Sie in 4 Schritten ganz einfach Konflikte lösen,
mit toxischen Beziehungen umgehen, Wut auflösen,
mehr Vertrauen und Freude erleben durch Wertschätzung sowie Empathie

FRIEDRICH L. FUCHS

ISBN: 9798638340186

INHALT

Gewaltfreie Kommunikation

Einleitung: Das Modell der gewaltfreien Kommunikation

Wir sprechen, wir gestikulieren, wir schreien und schweigen, wir nicken mit dem Kopf und alles das ist Kommunikation.

Was Kommunikation genau ist und wie sie in Konfliktsituationen funktioniert, damit hat sich Marshall B. Rosenberg in seinem Modell zur gewaltfreien Kommunikation auseinandergesetzt.

Nachhaltige Konfliktlösung für mehr Vertrauen und Wertschätzung durch Empathie - darauf beruht eines der bekanntesten und effektivsten Modelle zur aktiven Lösung von Problemen in allen erdenklichen Alltagssituationen. Was es damit auf sich hat und wie es funktioniert, erfahren Sie in den nachstehenden Kapiteln.

1 - Grundlagen der Kommunikation

Was versteht man unter Kommunikation

Der Begriff der Kommunikation stammt aus dem Lateinischen von "Communicatio" ab und bedeutet so viel wie Mitteilung oder Unterredung. Es gehr dabei um den Austausch von Informationen durch Sprache und Zeichen. Man unterscheidet dabei zwischen verbaler und non-verbaler Kommunikation, also Kommunikation, die durch Sprache und Worte stattfindet und Kommunikation die durch Mimik und Gestik ausgedrückt wird.

Kommunikation findet immer mindestens zwischen 2 Parteien statt, nämlich mindestens einem Sender und mindestens einem Empfänger.

Wann und in welchen Situationen findet eine Kommunikation statt

Paul Watzlawik stellte die These auf, das man nicht nicht kommunizieren kann und genau das beschreibt die Grundidee von Kommunikation. Denn diese findet überall und immer statt, sobald mindestens 2 Personen daran teilhaben. Dabei kann über verschiedene Kanäle kommuniziert werden, dem akustischen, dem optischen oder dem taktilen.

Kommunikation hat damit nicht nur einen festen Platz in unserem alltäglichen Leben, sondern ist auch überlebensnotwendig in unserem sozialen Gefüge.

Voraussetzung für eine erfolgreiche Kommunikation

Um erfolgreich und vor allem fair mit der anderen Person kommunizieren zu können, bedarf es gerade in Konfliktsituation etwas Übung. Übergehen wir unseren Gesprächspartner fühlt der sich schnell angegriffen und falsch verstanden. Schnell kann es zum Streit oder Missverständnissen kommen. Um eine offene und gleichberechtigte Kommunikation garantieren zu können sollte auf die folgenden Punkte geachtet werden:

Einen Rat geben ja, aber nur auf Nachfrage

Unsere Ansichten und Erfahrungen unterscheiden sich manchmal stark voneinander. Haben wir das Gefühl dem Gegenüber helfen zu können, geben wir auch ungefragt mal gern einen Rat. Das kann aber auch zu großen Missverständnissen führen und kommt nicht immer gut an. Deswegen gilt: Wenn man nicht nach einem Rat gefragt wird, sollte man diesen auch nicht geben.

Alle sprechen nur für sich

Meinungen sind sehr persönlich und haben ihre Berechtigung. Drücken wir diese allerdings aus, sollte auch ausdrücklich nur von sich selbst gesprochen werden. Eine Referenz auf Dritte kann nicht nur falsch sein, sondern auch zu Konflikten führen. Deswegen sollte es immer und ausschließlich nur um einen selbst gehen.

Den anderen ausreden lassen

Eine wichtige und geschätzte Regel der Kommunikation ist den Respekt für den Sprechenden einzuräumen und diesen aussprechen zu lassen. Natürlich sollte man auch als Sprecher keine endlosen Monologe führen und die anderen auch zu Wort kommen lassen.

Man kann über alles sprechen aber immer höflich und fair

"Der Ton macht die Musik.", das besagt schon eine Redensart der deutschen Sprache und genauso ist es auch. Der gegenseitige Respekt und das wahren der höflichen Form ist für ein gleichberechtigtes Gespräch auf Augenhöhe notwendig.

Ich-Botschaften

Gerade wenn es um die eigene Meinung und Gefühle geht, sollte man sich auf "Ich-Botschaften" beschränken.

Verallgemeinerungen und Annahmen auf das Verhalten anderer wirken schnell offensiv und respektlos.

Miteinander nicht übereinander sprechen

Über eine andere anwesende Person schlecht zu sprechen ist sehr unhöflich und kann dem Kommunikationsfluss erheblich schaden.

Jeder respektiert die Meinung der anderen.

Ansichten und Meinungen gehen auseinander, vor allem wenn es um sensible Themen wie Politik, Leben und Liebe geht. Bei einer ausgeglichenen Kommunikation sollten die Meinungen der anderen Gesprächspartner respektiert und nicht als Offensive wahrgenommen werden. Nicht jeder muss der gleichen Meinung sein.

2 - Einführung in die gewaltfreie Kommunikation

Sei es auf der Arbeit, mit dem Partner oder mit Freunden - Diskussionen und Konfliktsituationen finden sich täglich in allen erdenklichen Lebensbereichen wieder. Wie man auf Probleme reagiert ist sehr individuell und hängt von der jeweiligen Person ab. Manchmal eskaliert die Situation und aus dem Versuch sachlich und ruhig zu bleiben, entsteht ein handfester Streit. Der kann schnell lautstark und verletzend werden. Schreien, Türen knallen, tagelanges Anschweigen, wir verlieren die Kontrolle über unserer Emotionen und lassen unserem verletzten Ego freien Lauf. Nicht selten endet das in Frustration, Einsamkeit und Traurigkeit.

Wieso versteht mein Gegenüber mich nicht?

Habe ich nicht Recht gehabt?

Was hätte ich besser machen können?

Das sind nur einige Fragen, die man sich durchaus stellt, sobald der Ärger verflogen ist. Doch oftmals reagiert man bei der nächsten Konfliktsituation ähnlich emotional und bringt den Frust der vorherigen Diskussionen mit.

Verschiedenste Modelle haben sich mit der Kommunikationsstruktur auseinandergesetzt, um diese zu optimieren und problematische Situation und Missverständnisse zwischen 2 Personen zu lösen und diese gegenseitig verständlich zu machen. Zu diesen Modellen gehört beispielsweise das Eisberg-Modell, das 4-Ohren-Modell und eines der wohl bekanntesten Modelle der aktiven Konfliktlösung - das Modell der gewaltfreien Kommunikation nach Marschall B. Rosenberg, das auch einfühlsame bzw. wertschätzende Kommunikation oder auch Sprache des Herzens oder Giraffensprache genannt wird.

Was ist die GfK nach Rosenberg?

Nachdem Marshall B. Rosenberg in klinischer Psychologie in Wisconsin promovierte, entwickelte er im Zuge der Bürgerrechtsbewegung Anfang der 60er Jahre das Modell der GfK. Dieses Modell sollte dabei helfen die Rassentrennung in Schulen und öffentlichen Instituten wieder rückgängig zu machen.

Da sich dieses Modell zunehmender Beliebtheit erfreute und in seiner Anwendung recht erfolgreich war, bot Rosenberg mit der Zeit Kurse auf der ganzen Welt an, um sein Modell der Konfliktlösung den Leuten näherzubringen.

Dieses Modell steht in der Traditionen der klientenzentrierten Psychotherapie ähnlich wie bei Rosenbergs Lehrer Carl Rogers, der auch auf die Methode des aktiven Zuhörers in seinen Therapien setzte und damit von Mahatma Gandhi und dessen Lehre von Gewaltfreiheit - Ahisma beeinflusst wurde.

Die Grundannahme des Rosenberg Modells ist dabei, dass es ein menschliches Grundbedürfnis ist Empathie für unseren Gesprächspartner zu entwickeln und bei ihm hervorzurufen. Durch das Erklären der eigenen Gefühle und Bedürfnisse in einer bestimmten Situation, soll der Gegenüber seinen Gesprächspartner besser verstehen und sich in die jeweilige Situation besser hinein fühlen können. Dieses Handlungskonzept soll für einen besseren Kommunikationsfluss sorgen und mehr Vertrauen bilden.

Warum gibt es die GfK?

Das Ziel der GfK ist die Kommunikation im Alltag zwischen unterschiedlichen Parteien zu verbessern. Sie soll eine offensive und aggressive Kommunikation vermeiden und durch die Erläuterung der Situation mehr Vertrauen zwischen den Gesprächspartnern entwickeln und durch mehr Verständnis füreinander einfacher einen Kompromiss zu finden und die Problematik gemeinsam zu lösen.

Wer kann alles von einer GfK profitieren?

Die GfK kann sowohl in Bildungseinrichtungen, Organisationen als auch in privaten Beziehungen oder in Therapien angewendet werden. Sie hilft vor allem bei diplomatischen Verhandlungen oder Beratungen und wird prinzipiell in Situationen verwendet, in denen Konflikte aufkommen.

Dabei ist das Ziel sowohl im beruflichen als auch im privaten Kontext nicht die Person zu etwas zu bewegen, sondern den Konflikt durch eine wertschätzende Beziehung zu lösen.

Welche Voraussetzungen gibt es, um erfolgreich eine GfK durchzuführen?

Gewalt bedeutet immer den eigenen Wunsch und Willen einer anderen Person aufzuerlegen, sei es verbal oder physisch. Um gewaltfrei kommunizieren zu können, geht es vor allem darum dem anderen so offen und wertfrei wie möglich gegenüberzustehen. Die GfK liegt der Annahme zugrunde durch Empathie Verständnis bei der anderen Person hervorrufen zu können und das die eigenen Bedürfnisse und Empfindungen legitim sind und ausgedrückt werden dürfen.

Um die GfK demnach ausüben zu können, sollten beide Gesprächspartner für die Meinung, die Bedürfnisse und Anliegen des jeweils anderen offen sein und bereit sein auf dessen Notwendigkeiten einzugehen, ohne die eigenen zu vernachlässigen.

3 - Die 4-Schritte der gewaltfreien Kommunikation: Theorie, Übungen und Lösungsvarianten

In Rosenbergs Modell geht es nicht nur darum seine Sorgen seinem Gesprächspartners gegenüber vorwurfslos zu erklären, sondern Gedanken und Gefühle und Anliegen klar strukturieren und aus der eigenen Sicht schildern zu können. Diese Art der Kommunikation soll nicht nur die eigene Situation verständlich machen, ohne den anderen zu verletzen, sondern ihm auch die Möglichkeit zu geben auf das Angesprochene zu reagieren und sich ebenfalls sachlich und aus seiner eigenen Sicht äußern zu können.

Um dieses Vorgehen zu verdeutlichen sehen wir uns gemeinsam **4 Konfliktsituationen** an und wie bei solchen Auseinandersetzungen auf der einen Seite ein emotionaler und offensiver Streit aussehen könnte und auf der anderen Seite die **richtige Verständigung** aussehen sollte.

Schritt 1: Wahrnehmung

Theorie

Im ersten Schritt geht es darum ganz **objektiv**, also ohne jegliche Bewertung, die "**Ist-Situation**" auszudrücken. Hierbei geht es lediglich darum Daten und Fakten der jeweiligen Situation wertungslos zusammenzufassen. Man sollte dabei darauf achten sich auf **konkrete und nachvollziehbare Beispiele** zu beziehen und nicht zu verallgemeinern.

Anwendungsaufgabe 1:

<u>Ausgangssituation 1</u>

Julia und Martin sind schon einige Jahre ein Paar. Julia liebt den Strand und das Meer, Martin hingegen geht lieber in die Berge wandern. Martin hat ein interessantes Angebot im Internet gefunden und dieses für 2 Tage unverbindlich reservieren lassen. Als er Julia davon erzählt flippt sie total aus.

Dialog:

Martin: Julia, ich habe gestern ein interessantes Angebot im Internet für unseren Sommerurlaub gefunden und es erstmal für 48 Stunden reserviert.

Julia: Ach, wirklich? Was ist das für ein Angebot?

Martin: Es ist eine Trekkingtour in den Pyrenäen für 10 Tage. Wir wären mit einer Gruppe unterwegs und würden in wunderschönen Gegenden übernachten.

Julia: Das ist ja mal wieder typisch. Du reservierst eine Bergtour, ohne mich überhaupt zu fragen, obwohl du ganz genau weißt, dass ich lieber an den Strand möchte. Wir waren letztes Jahr auch in den Bergen und da hast du mir versprochen, dass wir dieses Jahr Strandurlaub machen.

Martin: Julia, ich habe das Angebot nur reserviert, weil ich dachte, es könnte dir auch gefallen.

Julia: Das ist ja mal wieder typisch, es muss immer nach dir gehen, an mich denkst du nie.

Martin: Ich bin auch die einzige Person hier, die sich um unseren Urlaub kümmert. Du entscheidest dich nie für irgendwas und nimmst dir nicht die Zeit nach einem Angebot zu schauen, wäre es nicht wegen mir, würden wir gar nicht in den Urlaub fahren.

So könnte eine Konversation zwischen Martin und Julia aussehen. Julia reagiert emotional und greift Martin gleich an.

Aufgabe:

1 - Schauen Sie sich zunächst den Dialog an und markieren Sie im Text, wo Julia besonders offensiv reagiert und sich von ihren Emotionen leiten lässt.

2 - Formulieren Sie die Ist-Situation aus Julias Sicht. Achten Sie darauf Verallgemeinerungen zu vermeiden und die Situation so sachlich wie möglich auszudrücken.

_____

_____

_____

_____

_____

_____

Lösungsvorschlag Schritt 1:

Julia fühlt sich durch Martins Entscheidung übergangen und angegriffen. Sie denkt, dass ihre Meinung nicht zählt und aus diesem
Grund stellt sie eine Situation dar, die faktisch von der Realität ab-
weicht. Sie macht Martin Vorwürfe, dass dessen Absichten egoistisch
seinen, was von vornherein zwangsläufig zum Streit führen muss.

Besser wäre gewesen, dass Julia zunächst die „**Ist-Situation**" **neutral**
darstellt.

Julia: Du hast dir Gedanken gemacht und eine Trekkingtour
                    für unseren Sommerurlaub für 48 Stunden reserviert.
                    Letztes Jahr waren wir im Sommerurlaub in den Alpen
                    und haben auch eine Trekkingtour gemacht.

Angriffe und allgemeine Ausdrücke wie "immer", "typisch" etc. sollten vermieden werden. Auch ganz **klare Angaben sind wichtig** wie
"letztes Jahr im Sommerurlaub".

Zusammenfassung Schritt 1:

Bei der Ist-Situation geht es darum, einzig und allein die Fakten und konkreten Daten der aufkommenden Situation in Worte zu fassen.

Offensive Bemerkung, persönliche Schlussfolgerungen auf das Verhalten des Gesprächspartners und Verallgemeinerungen sollten dabei unbedingt vermieden werden.

Die Situation sollte ebenfalls in einem neutralen Ton gehalten werden. Der Gesprächspartner soll sich faktisch in die Situation hineinversetzen können, ohne sich in die Enge gedrängt zu fühlen.

Schritt 2: Gefühl

Theorie

Nachdem die "Ist-Situation" klar geschildert wurde, geht es darum, was der Sprecher in dieser Situation **empfindet**. Was löst die Situation emotional beim Sprecher aus? Welche **Gefühle, Ängste, Zweifel** entstehen dabei?

Hierbei handelt es sich um eine absolut **subjektive Ebene**, die **ausgedrückt werden** soll.

Besonders wichtig dabei ist es, dass der Sprecher in **Ich-Form** die Situation schildert und weder Vorwürfe macht, noch verallgemeinert oder den Gegenüber angreift.

Anwendungsaufgabe 1:

Was denken Sie, wie sich Julia in der beschriebenen Situation fühlt?

Versetzen Sie sich in Julia hinein und vervollständigen Sie die folgende Übung!

Ich fühle mich _____

_____

_____

Ich fühle mich _____

_____

_____

Ich fühle mich _____

_____

_____

Lösungsvorschlag Schritt 2:

Julia: Ich fühle mich übergangen, traurig, missachtet, unbeachtet...

Zusammenfassung Schritt 2:

In diesem Schritt geht es darum das **persönliche Empfinden ausdrücken** zu können.

Dabei gibt es kein richtig oder falsch, da sich dieser Schritt auf die **subjektive Ebene** bezieht.

Es ist wichtig aus der **Ich-Perspektive** zu sprechen und keine Schlussfolgerungen auf das Verhalten des Gesprächspartners zu ziehen.

Schritt 3: Bedürfnis

Theorie

Im dritten Schritt wird das **persönliche Bedürfnis** beschrieben bzw. woher das Gefühl kommt.

Es soll dem Gesprächspartner den Grund verdeutlichen, **weshalb der Sprecher mit der Situation nicht glücklich ist**. Auch hier sollten **Ich-Botschaften** vorwurfslos übermittelt werden und eigene Werte und Bedürfnisse erklärt werden.

Manchmal ist uns nicht bewusst, dass unser Gegenüber etwas besonders wertschätzt, das für uns selbst nicht so eine große Rolle spielt wie beispielsweise Ordnung, Pünktlichkeit oder eine höfliche Sprachform.

Erklären wir unsere Bedürfnisse, ist es einfacher für den Gesprächspartner zu verstehen, weshalb wir uns an etwas stören.

Anwendungsaufgabe 1

1 - Was denken Sie?

Warum reagiert Julia so auf Martin?

Welche Ursache könnte diese Reaktion haben?

_____

_____

_____

_____

_____

_____

_____

_____

_____

Lösungsvorschlag Schritt 3:

Julia: Für mich es wichtig gemeinsam solche Dinge zu ent-
          scheiden und gefragt zu werden, auch wenn es sich nur
          im eine Reservierung handelt. Ich möchte das Gefühl
          haben, dass du mich mit einbeziehst und dich auch für
          das interessierst und das berücksichtigst, was mir wich-
          tig ist.

Zusammenfassung Schritt 3:

In diesem Schritt geht es darum über das eigene Bedürfnis zu sprechen bzw. über den **Grund der emotionalen Reaktion.**

Oft reagieren wir besonders emotional, wenn unsere **persönlichen
Werte angegriffen** werden.

Da sich diese sowohl in ihrer Art als auch in ihrer Gewichtigkeit von
Person zu Person unterscheiden können, ist es wichtig dem Gesprächspartner zu erklären, **welche Werte man vertritt** und **weshalb man beispielsweise verletzt ist.**

Auch hier ist es wichtig immer in der ersten Person zu sprechen und
keine Schlussfolgerungen über den jeweils anderen zu treffen.

Schritt 4: Bitte

Theorie

Nachdem dem Gesprächspartner die Situation und die vermeintliche Problematik geschildert wurde, geht es darum eine konkrete Bitte zu formulieren, um den Konflikt aufzulösen.

Dabei wird die Bitte als Frage oder Vorschlag formuliert und sollte von offensiven Ausdrücken absehen.

Anwendungsaufgabe 1

1 - Überlegen Sie sich zunächst, was Julia eigentlich möchte. Was würde sie von Martin wollen, was erwartet sie, was würde sie sich wünschen?

_____

_____

_____

_____

_____

_____

_____

_____

_____

_____

_____

_____

2 - Wie kann dieser Wunsch so formuliert werden, dass Martin sich nicht angegriffen fühlt und gern zu einem Kompromiss mit Julia bereit ist. Versetzen Sie sich in Julia hinein und formulieren Sie eine klare Bitte bzw. Vorschlag an Martin.

Julia:

_____

_____

_____

_____

_____

_____

_____

_____

_____

Lösungsvorschlag Schritt 4

Julia: Martin, ich wünsche mir, dass wir uns zusammen Zeit nehmen und nach Angeboten für unseren gemeinsamen Urlaub schauen, bei denen sowohl deine Bedürfnisse wie das Wandern und Trekking berücksichtigt sind, als auch mein Bedürfnis ein paar Tage am Strand und in der Sonne zu liegen.

Zusammenfassung Schritt 4

Eine **klare Bitte zu formulieren**, gibt dem Gesprächspartner eine **klare Vorstellung** von dem, was man selbst braucht. Es gibt der anderen Person die Möglichkeit zu reagieren und sich auf die Bedürfnisse einzustellen.

Außerdem sollte **am Ende der Bitte eine Gegenfrage gestellt** werden, die die **Meinung und Bedürfnisse der anderen Person hinterfragt**. Auf Füllwörter und indirekte offensive Ausdrücke wie "Du könntest ja auch mal…" sollte auch hier verzichtet werden.

Gesamtdialog aus den Anwendungsaufgaben nach dem Prinzip der GfK

Ergänzungen zur Anwendungsaufgabe 1

Fügt man jetzt alle Schritte aneinander, löst sich die Situation von vornherein anders auf und bremst den aufkommenden Konflikt aus, indem man sich gegenseitig emphatisch gegenübertritt und den Standpunkt des jeweils anderen hinterfragt und besser versteht.

Dialog

Martin:	Julia, ich habe gestern ein interessantes Angebot im Internet für unseren Sommerurlaub gefunden und es erstmal für 48 Stunden reserviert.
Julia:	Ach, wirklich? Was ist das für ein Angebot?
Martin:	Es ist eine Trekkingtour in den Pyrenäen für 10 Tage. Wir wären mit einer Gruppe unterwegs und würden in wunderschönen Gegenden übernachten.
Julia:	Du hast eine Trekkingtour in den Pyrenäen für 10 Tage vorreserviert. Letztes Jahr haben wir Sommerurlaub in den Alpen gemacht und waren wandern, richtig?
Martin:	Ja, das stimmt.
Julia:	Ich fühle mich gerade etwas übergangen und ignoriert, weil ich dir gesagt habe, dass ich gern Urlaub am

Strand machen würde und nicht so gern wandern möchte.

Ich habe das Gefühl du nimmst mich nicht ernst und respektierst nicht, was ich sage. Rücksicht aufeinander ist für mich wichtig und das brauche ich auch von dir.

Könnten wir in Zukunft zusammen nach dem gemeinsamen Urlaub schauen, damit wir einfacher etwas finden, dass uns beiden gefällt?

Was denkst du darüber?

Ergänzungen zu den Anwendungsaufgaben 2-4

So oder so ähnlich sehen alltägliche Konfliktsituationen in verschiedenen Lebensbereichen bei vielen aus.

Der Frust nichts tun zu können endet nicht selten im Gefühl der Ohnmacht und Resignation.

Mithilfe des Kommunikationsmodells können derartige Situation viel einfacher und sachlicher gelöst werden, ohne dass es erst zum Streit kommen muss und beide Parteien mehr Verständnis für die Situation des jeweils anderen aufbringen.

Bonus-Aufgaben

Sehen Sie sich die folgenden Situationen an und lösen Sie die Aufgaben im Sinn der 4 Schritte der GfK.

Situation 2

Nachfolgend wird eine andere Situation geschildert wie sie 1:1 vorkommen könnte. Darauf folgt eine konkrete Aufgabenformulierung sowie eine Lösungsvariante.

Ausgangssituation

Die beiden Freundinnen Claudia und Maria haben sich zum Abendessen verabredet.

Sie treffen sich um 18 Uhr in der Stadt, aber Claudia kommt wie so oft zu spät.

Obwohl sie schreibt, dass sie in 5 Minuten da ist, muss Maria trotzdem 30 Minuten auf sie warten.

Als Claudia endlich da ist, rastet Maria komplett aus. Es kommt zum lautstarken Streit.

Anwendungsaufgabe

Dialog

Maria: Toll Claudia, dass du mich mal wieder eine halbe Stunde stehen lassen hast. Findest du das normal? Du kommst immer zu spät! Wenn du keine Zeit oder Lust hast, dann sag das doch einfach.

Claudia: Warum regst du dich denn so auf?! Ich habe dir gesagt, dass ich von der Arbeit komme, ich kann meinen Chef nicht mitten im Gespräch abwürgen, nur weil du hier wartest.

Maria: Klar, immer ist irgendwas, heute der Chef, das letzte Mal deine Mutter! Ich weiß gar nicht wie viel Zeit ich schon verloren habe, da ich ständig auf dich warten muss.

Claudia: Das stimmt doch überhaupt nicht. Manchmal bin ich etwas später dran, aber auch nur, weil du dich am anderen Ende der Stadt treffen möchtest und zu faul bist, dahin zu kommen, wo ich bin.

Aufgabe Schritt 1

1 - Schauen Sie sich zunächst den Dialog an und markieren Sie im Text, wo Maria besonders offensiv reagiert und sich von ihren Emotionen leiten lässt.

2 - Formulieren Sie die Ist-Situation aus Maria Sicht. Achten Sie darauf Verallgemeinerungen zu vermeiden und die Situation so sachlich wie möglich auszudrücken.

_____

_____

_____

_____

_____

_____

_____

_____

Lösungsvorschlag Schritt 1

Maria fühlt sich von ihrer Freundin nicht respektiert und ernst genommen und bleibt aus diesem Grund kaum sachlich.

Die Verallgemeinerungen wie beispielsweise "schon wieder" und "ständig" sind nicht nur offensiv, sondern auch nicht konkret und drängen Claudia zu einer defensiven Reaktion.

Maria: Claudia, schau mal bitte auf die Uhr, du bist 30 Minuten zu spät gekommen, aber hast mir vor einer halben Stunde gesagt, dass du in 5 Minuten da bist. Kannst du dich an letzte Woche erinnern, als wir uns um 10 Uhr zu einem Kaffee treffen wollten, da warst du auch 20 Minuten zu spät.

Die "**Ist-Situation**" sollte **neutral und faktisch dargestellt** werden und nicht vorwurfsvoll und offensiv sein.

Klare Daten und Angaben helfen dabei dem Gegenüber **die Situation vor Augen zu halten.**

Aufgabe Schritt 2

Was denken Sie?

Wie fühlt sich Maria in der beschriebenen Situation?

Versetzen Sie sich in Maria hinein und vervollständigen Sie die folgende Übung!

Ich fühle mich _____

_____

_____

Ich fühle mich _____

_____

_____

Ich fühle mich _____

_____

_____

Lösungsvorschlag Schritt 2

Maria: Ich fühle mich nicht ernst genommen, nicht respektiert, nicht wichtig genommen....

Aufgabe Schritt 3

1 - Was denken Sie? Warum reagiert Maria so auf Claudia? Welche Ursache könnte diese Reaktion haben?

_____

_____

_____

_____

_____

_____

_____

Lösungsvorschlag Schritt 3

Maria: Pünktlichkeit ist mir persönlich sehr wichtig. Es drückt für mich Wertschätzung und Respekt der anderen Person gegenüber aus. Ich möchte mich auch respektiert und wertgeschätzt fühlen und das meine Zeit ebenso viel wert ist wie deine.

Aufgabe Schritt 4

1 - Überlegen Sie sich zunächst, was Maria eigentlich möchte. Was würde sie von Claudia wollen, was erwartet sie, was würde sie sich wünschen?

_____

_____

_____

_____

_____

_____

_____

_____

_____

2 - Wie kann dieser Wunsch so formuliert werden, dass Claudia sich nicht angegriffen fühlt und gern zu einem Kompromiss mit Maria bereit ist. Versetzen Sie sich in Maria hinein und formulieren Sie eine klare Bitte bzw. Vorschlag an Claudia.

Maria:

_____

_____

_____

_____

_____

_____

_____

_____

_____

Lösungsvorschlag Schritt 4

Maria: Claudia, ich weiß, dass du viel Arbeit hast und immer etwas gestresst bist und dir dennoch Zeit für mich nimmst.

Ich wünsche mir, dass du mich nicht stehen lässt, sondern mir ehrlich sagst, wenn du dich verspätest.

Vielleicht könntest du mir Bescheid geben, wenn du fertig mit der Arbeit bist und losfährst und dann weiß ich, wenn du am Treffpunkt bist und muss nicht auf dich warten oder ich komme dir das nächste Mal entgegen.

Gesamtdialog nach dem Prinzip der GfK

Maria: Claudia, du bist 30 Minuten zu spät gekommen.

Letzte Woche haben wir uns auf einen Kaffee verabredet und du hast dich auch 20 Minuten verspätet.

Ich fühle mich respektlos behandelt, weil Pünktlichkeit für mich Wertschätzung meiner eigenen Zeit ausdrückt und deswegen für mich sehr wichtig ist.

Könntest du versuchen 10 Minuten früher loszukommen, wenn wir uns treffen oder mir schreiben, wenn du losmachst, damit ich nicht so lang auf dich warten muss.

Vielleicht kann ich auch zu dir auf Arbeit kommen, damit du nicht so einen weiten Weg hast.

Was meinst du dazu?

Claudia: Du hast recht und es tut mir leid. Ich wollte dir nicht das Gefühl geben, das ich deine Zeit nicht wertschätze oder dich nicht respektiere.

Es wäre schön, wenn wir mit dem Standort etwas flexibler sein oder sonst lieber am Wochenende treffen könnten, dann habe ich mehr Zeit und du musst nicht auf mich warten.

Situation 3

Ausgangssituation

Tim arbeitet in einem kleinen Unternehmen und möchte gern Urlaub nehmen. Durch neue Projekte ist das Arbeitspensum stark angestiegen und sein Chef kann ihm bis auf weiteres keine Auskunft darüber geben, ob Tim Urlaub nehmen kann. Tim macht viele Überstunden und fühlt sich ungerecht behandelt. Er ist frustriert und weiß nicht, wie er mit der Situation umgehen soll.

Anwendungsaufgabe

Dialog

Tim:	Ich habe letzte Woche meinen Urlaub eingereicht und immer noch keine Antwort erhalten. Meine Cousine heiratet und ich muss langsam sagen, ob ich kommen kann oder nicht und dementsprechend auch Flüge buchen.
Chef:	Im Moment haben wir einige neue Projekte und dazu Ausfälle wegen Schwangerschaft und Krankheit. Deswegen kann ich noch keine Auskunft zu den Urlaubsplänen geben.
Tim:	Ich mache ständig Überstunden und arbeite teilweise auch am Wochenende, da wird es nicht zu viel verlangt

sein, dass ich wissen möchte, ob ich Urlaub nehmen kann oder nicht.

Chef: Es tut mir leid, momentan kann ich leider nichts tun.

Aufgabe Schritt 1

1 - Schauen Sie sich zunächst den Dialog an und markieren Sie im Text, wo Tim besonders offensiv reagiert und sich von ihren Emotionen leiten lässt.

2 - Formulieren Sie die Ist-Situation aus Tims Sicht.

Achten Sie darauf Verallgemeinerungen zu vermeiden und die Situation so sachlich wie möglich auszudrücken.

_____

_____

_____

_____

_____

Lösungsvorschlag Schritt 1:

Tim ist durch diese Situation frustriert und bringt das auch zum Ausdruck.

Er löst damit eine defensive Reaktion seines Chefs aus und wird auf diese Weise sein Ziel, nämlich eine Zusage zu seinem Urlaubsantrag zu bekommen, sicherlich nicht erreichen.

Tim: Letzte Woche habe ich meinen Urlaubsantrag abgegeben, weil meine Cousine im Sommer heiratet.

Ich würde gern Flüge und Hotel reservieren und möchte deswegen wissen, ob ich den Urlaub zugesagt bekomme.

Aufgabe Schritt 2:

Was denken Sie?

Wie fühlt sich Tim in der beschriebenen Situation?

Versetzen Sie sich in Tim hinein und vervollständigen Sie die folgende Übung!

Ich fühle mich _____

_____

_____

Ich fühle mich _____

_____

_____

Ich fühle mich _____

_____

_____

Lösungsvorschlag Schritt 2:

Tim: Ich fühle mich nicht ernst genommen, nicht wertge-

schätzt, nicht respektiert, nicht gehört, ignoriert....

Aufgabe Schritt 3

1 - Was denken Sie?

Warum reagiert Tim so auf seinen Chef?

Welche Ursache könnte diese Reaktion haben?

_____

_____

_____

_____

_____

_____

_____

_____

_____

_____

_____

Lösungsvorschlag Schritt 3:

Tim: Ich möchte von Ihnen genauso wertgeschätzt werden, wie ich die Firma wertschätze.

Ich versuche mein Bestes zu geben, indem Überstunden mache und auch mal problemlos am Wochenende zu Hause arbeite.

Ich möchte mich unterstützt fühlen und dass die Firma auch auf meine persönlichen Bedürfnisse, wie in diesem Fall der Urlaub, eingeht und diese versteht.

Aufgabe Schritt 4

1 - Überlegen Sie sich zunächst, was Tim von seinem Chef eigentlich möchte.

Was würde er von seinem Chef wollen, was erwartet er, was würde er sich wünschen?

2 - Wie kann dieser Wunsch so formuliert werden, dass Tims Chef sich nicht angegriffen fühlt und gern zu einem Kompromiss mit Tim bereit ist.

Versetzen Sie sich in Tim hinein und formulieren Sie eine klare Bitte bzw. Vorschlag an Tims Chef.

Tim:

_____

_____

_____

_____

_____

_____

_____

_____

_____

Lösungsvorschlag Schritt 4

Tim: Ich habe Verständnis für die Situation und weiß, dass Sie noch keine feste Zusage geben können.

Jedoch würde ich mir wünschen, dass Sie mir vielleicht sagen könnten, wie wahrscheinlich ich mit Urlaub rechnen kann und ob ich irgendetwas tun kann, um diese Situation für mich besser zu lösen.

Gesamtdialog nach dem Prinzip der GfK

Tim: Letzte Woche habe ich meinen Urlaubsantrag abgegeben und wollte gern wissen, ob ich den Urlaub genehmigt bekomme..

Chef: Durch die neuen Projekte ist das Arbeitspensum gestiegen und ich kann noch keine Auskunft dazu geben.

Tim: Es gibt viel Arbeit im Moment und die Situation ist nicht abzusehen, das verstehe ich.

Letztes Jahr habe ich auf meinen Urlaub verzichtet, weil es neue Projekte gab und seit es das neue Projekte gibt, mache ich auch jetzt fast jeden Tag Überstunden.

Ich fühle mich nicht ernst genommen und ignoriert, da die Hochzeit meiner Cousine wichtig für mich ist und es für mich wichtig ist, dass die Firma auf meine Bedürfnisse eingeht, da ich selbst auch sehr besorgt und engagiert bin.

Könnten Sie mir bitte eine Prognose geben, wie wahrscheinlich es ist, dass ich frei nehmen kann oder ob es noch eine andere Möglichkeit gäbe, diesen Urlaub zu bekommen?

Situation 4

Ausgangssituation

Paulas Eltern sind schon etwas älter und brauchen hin und wieder Hilfe bei alltäglichen Dingen.

Paula hilft gern und kümmert sich um den Einkauf und andere Kleinigkeiten. Ihre Eltern denken allerdings, dass Paula ihnen 24 Stunden am Tag zur Verfügung steht und rufen sie mehrmals täglich an.

Paula bekommt dennoch immer wieder Vorwürfe zu hören, dass sie sich nicht genug kümmert und nur selten zum Essen kommt.

Sie ist frustriert und fühlt sich ungerecht behandelt.

Anwendungsaufgabe 4

Dialog

Paulas E.:   Paula, wir müssen dringend in den Supermarkt fahren, da wir gestern noch etwas Wichtiges vergessen haben. Treffen wir uns in einer halben Stunde? Ach und kommst du nun am Wochenende zum Mittagessen?

Paula: Heute kann ich nicht schon wieder mit euch einkaufen gehen. Wir waren schon dreimal diese Woche. Denkt ihr, dass ich nicht arbeiten muss? Ihr ruft mich ständig an und ich fahre immer hin und her und dann soll ich auch noch am Wochenende Zeit finden, um zum Mittag vorbeizukommen.

Paulas E.:   Du hast uns angeboten mit uns einkaufen zu gehen und wir kochen schließlich die ganze Woche für dich mit, damit du etwas zu essen hast. Außerdem ist es sicher nicht zu viel verlangt, dass wir hin und wieder als Familie zusammen essen, oder?

Paula: Ihr ruft mich ständig an und ich muss immer sofort kommen, sonst seid ihr später sauer. Ihr müsst nicht für mich kochen, ich kann das schon selbst.

Paulas E.:   Wir rufen nicht ständig an. Außerdem bist du schließlich flexibel, wenn du den ganzen Tag von zu Hause aus arbeitest, da kannst dir ruhig Zeit nehmen, immerhin haben wir dir auch immer geholfen.

Aufgabe Schritt 1

1 - Schauen Sie sich zunächst den Dialog an und markieren Sie im Text, wo Paula besonders offensiv reagiert und sich von ihren Emotionen leiten lässt.

2 - Formulieren Sie die Ist-Situation aus Paulas Sicht.

Achten Sie darauf Verallgemeinerungen zu vermeiden und die Situation so sachlich wie möglich auszudrücken.

_____

_____

_____

_____

_____

_____

_____

_____

Lösungsvorschlag Schritt 1

Paula reagiert auf die Anrufe und Bitten ihrer Eltern sehr emotional.

Sie lässt den angesammelten Ärger und Stress Luft, was ihre Eltern nicht nur überrascht. sondern auch angreift.

Paula:	Wir waren diese Woche dreimal einkaufen und heute hast du mich viermal angerufen. Letzte Woche waren wir zweimal einkaufen und haben am Wochenende zusammen zu Mittag gegessen.

Aufgabe Schritt 2

Was denken Sie?

Wie fühlt sich Paula in der beschriebenen Situation?

Versetzen Sie sich in Paula hinein und vervollständigen Sie die folgende Übung!

Ich fühle mich _____

_____

_____

Ich fühle mich _____

_____

_____

Ich fühle mich _____

_____

_____

Lösungsvorschlag Schritt 2

Paula: Ich fühle mich ausgenutzt, nicht ernst genommen, nicht geschätzt, überfordert, überlastet...

Aufgabe Schritt 3

1 - Was denken Sie?

Warum reagiert Paula so auf ihre Eltern?

Welche Ursache könnte diese Reaktion haben?

_____

_____

_____

_____

_____

_____

_____

_____

_____

Lösungsvorschlag Schritt 3

Paula: Für mich ist es wichtig, dass meine Zeit und meine Anstrengung respektiert und wertgeschätzt werden und wahrgenommen wird, dass ich eine Arbeit und andere Verpflichtungen habe.

Aufgabe Schritt 4

1 - Überlegen Sie sich zunächst, was Paula eigentlich möchte. Was würde Sie von Paulas Eltern wollen, was erwartet sie, was würde sie sich wünschen?

2 - Wie kann dieser Wunsch so formuliert werden, dass Paulas Eltern sich nicht angegriffen fühlt und gern zu einem Kompromiss mit Paula bereit ist. Versetzen Sie sich in Paula hinein und formulieren Sie eine klare Bitte bzw. Vorschlag an Paulas Eltern.

Paula:

_____

_____

_____

_____

_____

_____

_____

_____

Lösungsvorschlag Schritt 4

Paula: Ich helfe euch gern und gehe mit euch einkaufen, aber ich brauche mehr Zeit für die Arbeit. Es wäre schön, wenn ihr euch am Wochenanfang eine Einkaufsliste machen könntet und wir dann gemeinsam einmal oder zweimal pro Woche umfangreicher einkaufen gehen. Es wäre außerdem schön, wenn wir uns darauf einigen könnten, dass ihr mich erst ab einer bestimmten Zeit anruft, damit ich ruhiger arbeiten kann.

Gesamtdialog nach dem Prinzip der GfK

Paulas E.: Paula, wir müssen dringend in den Supermarkt fahren, da wir gestern noch etwas Wichtiges vergessen haben. Treffen wir uns in einer halben Stunde? Ach und kommst du nun am Wochenende zum Mittagessen?

Paula: Ihr möchtet jetzt sofort einkaufen gehen und wir sind diese Woche bisher dreimal zusammen einkaufen gegangen, richtig?

Paulas E.: Stimmt.

Paula: Ich fühle mich nicht ernst genommen, weil ihr meine Arbeit, die ich von daheim erledige, nicht ernst nehmt. Ihr respektiert meine Arbeit und Zeit nicht und das verletzt mich.

Ich gehe gern mit euch einkaufen, aber ich möchte euch bitten am Anfang der Woche eine Einkaufsliste zu machen, damit wir nur ein- zweimal gehen müssen.

Ich würde euch außerdem bitten mich erst ab 16 Uhr anzurufen und diese Einkäufe einen Tag vorher abzusprechen, damit ich genug Zeit habe meine Arbeit zu planen.

Was meint ihr dazu?

4 - Ergänzungen zur GfK

Grundlegende Annahmen der GfK

Die GfK ist dafür ausgelegt alltägliche Konfliktsituationen egal in welchem Bereich durch Empathie zu lösen, anstatt dem Gesprächspartner die eigenen Erwartungen aufzudrängen. Die GfK soll in diesem Zug das Vertrauen zwischen den beiden Gesprächspartnern stärken und das Verständnis füreinander verbessern, was letztendlich zu einer Lösung führen soll. Außerdem sollen die Bedürfnisse beider Gesprächsteilnehmer beachtet und bei der Lösungssuche berücksichtig werden.

Die Kraft der Empathie

Besonders großen Stellenwert legt die GfK auf die Empathie. Das Einfühlungsvermögen in die Situation soll dabei helfen den Ursprung einer möglichen Konfliktsituation zu verstehen, um diesen Konflikt in seiner Ursache lösen zu können. Die Empathie soll dabei durch die Art des Kommunikationsmodells ausgelöst werden, indem keine offensive Angriffe in der Kommunikation enthalten sind, sondern ausschließlich Ich-Botschaften und eine Situationsanalyse, die die persönliche Problematik des Sprechers deutlich macht.

Die einfühlsame Verbindung zu uns selbst

Das Kommunikationsmodell beruht darauf, dass der Sprecher seine Situation erklären kann und seine Gefühle und Bedürfnisse nicht nur ausdrücken kann, sondern kennt. Oftmals reagieren wir in einer Konfliktsituation über und verhalten uns übertrieben emotional, ohne wirklich zu wissen weshalb. Da das GfK-Modell voraussetzt, dass man über Gründe und Bedürfnisse sprechen muss, muss man diese zwangsläufig kennen. Die GfK ist demnach automatisch eine Auseinandersetzung mit sich selbst.

Mit Ärger umgehen

Die GfK hilft nicht nur dabei eine bessere Kommunikation im Alltag aufzubauen und Konflikte zu lösen, sondern mit dem eigenen Ärger umzugehen. Durch das schrittweise analysieren der Situation und der eigenen Bedürfnisse sollen offensive Angriffe vermieden und der Grund für Ärger analysiert werden.

Äußere Konflikte lösen durch GfK

Die GfK ist ein Kommunikationsmodell, das zur Lösung äußerer Konflikte in jeder Lebenslage dienen soll. Dabei spielt weder die Hierarchie beispielsweise im beruflichen Kontext, noch Alter eine Rolle und ist deswegen überall anwendbar.

Innere Konflikte lösen und uns selbst befreien

Die GfK hat aber nicht nur etwas mit unserem äußeren Umfeld zu tun, sondern vor allem mit uns selbst. Durch das Ausdrücken der eigenen Gefühle und die Frage nach dem Grund und den eigenen Bedürfnissen ist die GfK auch vor allem ein Modell der Selbstreflexion, wenn es um eigene innere Konflikte geht wie:

- *Warum macht mich das wütend?*

- *Was steckt dahinter?*

- *Woher kommt dieses oder jenes Gefühl?*

Je besser wir uns selbst kennen und wissen woher unsere Reaktionen kommen, umso einfacher können wir nicht nur daran arbeiten, sondern unserem Gegenüber diese Bedürfnisse oder Notwendigkeiten mitteilen. Was für eine Person sehr wichtig sein kann, ist für die andere vielleicht nebensächlich. Kennen wir uns können wir auch unserem Gesprächspartner auf das hinweisen, was uns wirklich wichtig ist.

Wertschätzung ausdrücken in GFK

Nicht nur dem Sprecher selbst soll die GfK dabei helfen, dem anderen unsere Situation **verständlicher** zu machen und uns so **wertzuschätzen** wie wir es bedürfen, sondern auch der Sprecher **reflektiert** seinem Gesprächspartner **Wertschätzung** und **Verständnis**.

Diese Art der Kommunikation **stärkt die Vertrauensbasis** und das Verständnis auf beiden Seiten und macht es so möglich einen **gemeinsamen Kompromiss zu finden,** der die **Beziehung** zwischen den beiden Parteien **nachhaltig stärkt und verbessert.**

5 - Nächste Schritte

Häufige Schwierigkeiten, Stolpersteine und wie sie diese vermeiden können

Das eigene Wertsystem erkennen

Der größte Ärger wird ausgelöst, wenn unsere eigenen Werte erschüttert oder angegriffen werden. Die Schuld nur dem Gesprächspartner zu geben nicht pünktlich oder ehrlich gewesen zu sein, ist nicht genug. Es ist wichtig, die eigenen Werte und deren Wichtigkeit zu erkennen. So können Bedürfnisse ganz klar angesprochen werden und blinde scheinbar grundlose Vorwürfe vermieden werden.

Eigene Ansichten überprüfen

Nicht alles, was wir als störend oder irritierend empfinden, ist in unsere, Wertsystem verankert, ganz im Gegenteil. Durch Erziehung, Gewohnheit und sozialem Umfeld haben sich möglicherweise Ansichten festgesetzt, die wir als gegeben hinnehmen und nicht mehr hinterfragen.

Oftmals wird in diesem Zug die Verantwortung für das eigene Handeln abgegeben, ohne dass wir uns darüber bewusst sind.

Unsere Sprache hält viele klassische Floskeln dafür bereit wie beispielsweise "Männer weinen nicht" "Frauen sollten..." usw.

Überprüfen Sie diese Art Mindset und gleichen sie es gegebenenfalls mit Ihren eigenen Werten ab.

Sprachliche Hindernisse

Auch unsere Sprache und wie wir Dinge ausdrücken, spielt eine wichtige Rolle in einer erfolgreichen Kommunikation und Konfliktlösung.

Faktoren, die den Erfolg von GfK blockieren können

Verschiedene Faktoren führen dazu, dass GFK nicht optimal funktioniert:

- **(Moralische) Urteile**
  Du bist eh zu faul für...

- **Schuldzuweisung**
  Du lügst.

- **Vergleiche**
  Du kannst das sowieso nicht so gut wie...

- **Kritik**
  Du kannst das nicht gut.

- **Interpretation**
  Du magst das Kleid eh nicht.

- **Schlussfolgerungen**
  Ich bin dir eh nicht wichtig genug, da du mir nie Blumen mitbringst.

- **Forderungen**
  Mach jetzt das Badezimmer sauber!

- **Drohungen**
  Mach das jetzt, ansonsten...

Gerade in der GfK sollte auf diese Art der Kommunikation verzichtet werden, da das auf den anderen offensiv wirkt und er sich möglicherweise in die Ecke gedrängt und selbst missverstanden fühlt.

Achten Sie darauf diese Sprachbausteine nicht mit einfließen zu lassen und soweit wie möglich in Ich-Botschaften zu sprechen.

Außerdem sollten auf Ausdrücke wie die folgenden verzichtet werden:

Du machst immer...

Du hast schon wieder...

Du warst immer noch nicht...

Das ist so typisch für dich.

Diese Ausdrücke drücken Verallgemeinerungen aus und sind deswegen nicht konkret und nicht nachvollziehbar. **Bleiben Sie präzise** und halten Sie Ihre Vorwürfe zurück.

Schlusswort

Eine erfolgreiche Kommunikation braucht sowohl 2 Sprecher, die in der Lage sind ihren Standpunkt ohne Vorwürfe und Anschuldigungen auszudrücken, als auch 2 Empfänger, die offen und sensibilisiert sind für das, was der andere sagt.

Versuchen Sie Ihrem Gegenüber Verständnis zu zeigen und nicht gleich in die Defensive zu gehen. Nur wenn beide bereit sind aufeinander zuzugehen kann die GfK erfolgreich sein.

Denken Sie daran, dass eine gute Kommunikation und eine nachhaltige Lösung alltäglicher Problematik Sie und Ihren Gesprächspartner nicht nur weiter zusammenbringt und Ihre Vertrauensverhältnis stärkt, sondern vor allem in beiderseitigen Interesse ist.

Mit Geduld und einem offenen Ohr steht einer erfolgreichen GfK nichts mehr im Weg.

www.ingramcontent.com/pod-product-compliance
Lightning Source LLC
Chambersburg PA
CBHW021457210526
45463CB00002B/806